Journal des Économistes du 15 ~~octobre~~ nov 1869.

DES MARCHÉS A TERME

CONSIDÉRÉS COMME PARIS.

DES

MARCHÉS A TERME

CONSIDÉRÉS COMME PARIS

PAR P.-A.-F. MALAPERT, AVOCAT, DOCTEUR EN DROIT.

SOMMAIRE. — Pétition pour l'abrogation de l'article 1965 du Code civil. — Nature des marchés à terme. — Détails historiques sur les anciennes compagnies. — Règlementation des siècles précédents en France. — Législation depuis le commencement de ce siècle. — La loi du 2 juillet 1862. — Conclusion.

I

Une pétition a été adressée au Sénat pour demander que l'article 1965 du Code Napoléon ne soit plus appliqué aux marchés à terme contractés sur les valeurs côtés à la Bourse. L'article 1965 porte : « *La loi n'accorde aucune action pour une dette du jeu ou pour le paiement d'un pari.* » Il importe de rechercher si cet article est applicable et si la pétition dont nous parlons doit être accueillie; car si l'article 1965 ne doit pas recevoir d'application, les pétitionnaires se seront trompés et le Sénat passera à l'ordre du jour. Il ne leur restera que le mérite d'avoir porté la question devant un des grands corps de l'Etat et d'avoir appelé sur elle l'attention publique (1). Il faut tenir aussi que la pratique des affaires a

(1) Cette pétition est due à l'initiative de M. Emion, notre confrère à la cour de Paris.

justifié cette pétition. Lorsqu'un spéculateur a fait des marchés à terme qu'il ne peut exécuter, il se retourne et dit : J'ai joué, j'ai perdu, je ne paierai pas. On raconte à ce propos des anecdotes fort piquantes. Un de ces messieurs faisant grande figure dans le monde, se trouva tout à coup surpris par une baisse qui compromit sa fortune. Il s'adressa à un agent d'affaires habile et lui promit une somme assez ronde, si cet agent pouvait obtenir une remise sur les pertes que la baisse occasionnait. Soyez tranquille, répondit le mandataire, si vos adversaires résistent, nous les paierons avec l'article 1965. Le spéculateur se fit expliquer les conséquences de cet article appliqué aux marchés à termes. Il congédia son interlocuteur en lui demandant de revenir le lendemain. Celui-ci fut ponctuel au rendez-vous; son client lui remit cent francs dans la main et le remercia de ses bons offices : « J'ai compris ce que vous m'avez enseigné, lui dit-il, vous m'avez dit de soutenir que j'ai joué et de payer ainsi la partie de ma dette que ma fortune ne me permet pas d'acquitter; je préfère ne rien débourser, votre conseil m'a éclairé, ce qui est bon pour une fraction sera bon pour le tout. »

La jurisprudence a accepté la responsabilité de résolutions pareilles à celles que nous venons de rappeler. La conscience publique n'est pas d'accord avec la jurisprudence. C'est en cet état que se présente la question, assez grave dans notre esprit pour que nous sollicitions l'honneur d'en parler dans cette revue.

Les marchandises sont vendues à terme quand le vendeur prend un certain délai pour en faire la livraison, quand l'acheteur demande du temps pour payer son prix. Elles peuvent être vendues sous condition suspensive ou résolutoire. Ces divers agissements sont connus dans le langage du droit, comme dans la pratique commerciale. Si vous supposez qu'un armateur du Havre ou de Dunkerque attende l'arrivée de plusieurs cargaisons, il lui sera certainement loisible de promettre qu'à telle époque il livrera telles marchandises à tel prix, si un navire, deux ou plusieurs navires sont arrivés. De son côté l'acquéreur peut stipuler que si les fonds publics de Vienne ou d'Amsterdam sont alors à tel taux, il paiera plus que s'ils sont à un chiffre inférieur. De même un négociant de Strasbourg, assuré que les cafés et les autres denrées coloniales ne manqueront pas dans nos ports, peut à un moment donné vendre telle quantité de ces denrées qu'il ne possède pas. L'article du Code qui déclare nulle la vente de la chose d'autrui n'a jamais été appliqué en cas pareil. C'est que si le négociant qui a ainsi vendu des cafés ne les possède point, il lui sera facile de se les procurer en temps utile. Personne n'a le droit de critiquer le contrat et de scruter pourquoi il est intervenu. Il n'y a pas loin de tous ces marchés à celui du négociant qui achète en gros pour revendre en détail. Les uns et les autres courent des chances de hausse et de baisse. Le commerce repose tout entier sur ces éventualités, il n'est qu'un *alea*, une chance. Savary, notre maître dans la pratique et la théorie, Savary, le savant collaborateur de l'illustre Colbert, a exprimé cette idée dans des termes que nous aimons à reproduire parce que nous voulons prouver que nos idées sont sérieuses et conformes à la saine tradition. « Encore qu'un négociant soit très-habile et attaché à son commerce; qu'il tienne ses affaires en bon ordre, qu'il ait eu beaucoup de bien de naissance, qu'il ait telle application et telle prudence qu'il pourra en la conduite de ses affaires, si tout cela n'est accompagné du bonheur et de la fortune, il n'est pas assuré de réussir dans toutes les entreprises qu'il fera dans sa négociation, car c'est bien souvent le bonheur et la fortune qui décident de tout. » (Liv. IV, ch. 1er). En effet, le commerce, pour le négociant, se résume en ceci, vendre cher, acheter bon marché. Pour le public, au contraire, l'entreprise commerciale a pour but de mettre les choses vénales à la portée des besoins. C'est pourquoi l'on proclame de toutes parts et avec raison que le commerce est utile, important, digne de l'intérêt des magistrats et des législateurs. Des gens réfléchis et autorisés sont allés plus loin encore dans leurs appréciations. Ils ont établi en principe que le développement de la richesse publique était proportionnel à l'activité commerciale de chaque pays. Il a été un temps où l'on combattait ces idées salutaires en attaquant les monopoleurs et les accapareurs, que l'on confondait dans une même appellation et dans un même anathème. Le vulgaire entendait par ces deux mots répétés d'âge en âge et murmurés encore tout bas par les ignorants, le vulgaire entendait par ces mots les gros négociants qui prenaient la marchandise dans les lieux où elle se trouve en abondance et la transportaient dans les pays de consommation. Depuis Turgot et nos illustres économistes, connus sous le nom de physiocrates, aucun homme lettré ne conteste la légitimité des spéculations commerciales. Le dernier mot sur cette question a été dit dans un ouvrage quasi-officiel, l'Introduction de M. le sénateur Michel Chevalier aux rapports du jury international qui a jugé l'exposition de 1867. Cet illustre auteur démontre dans le § 2 du chapitre 3 de la première partie de son travail, que trois choses concourent également à la prospérité d'un pays : la science, le capital et la liberté. Il conclut en ces termes : « On peut même, sans être téméraire, avancer d'une manière générale que là où les institutions sociales, dans leurs différents genres, sont frappées au coin de la liberté et où les mœurs et les opinions sont à la hauteur d'un tel régime, il y a toute raison de croire que la puissance reproductive de l'individu et de la société prendra un rapide essor si elle ne l'a déjà fait. » Cette déclaration solennelle est tout à fait d'accord avec les idées justement en honneur aujourd'hui dans les conseils du gouvernement, où l'on vante à juste titre les bienfaits de la liberté des transactions.

Les partisans des anciennes doctrines veulent que nous distinguions au moins entre les marchandises. A les entendre, il faut exclure de la liste des marchandises vendables à terme toutes celles qui sont quotidiennement ou à peu près cotées à la Bourse, spécialement les farines, les vins, les alcools. Un autre veut y mêler les thés et les cotons; même il n'est pas rare d'entendre plaider qu'une opération sur les huiles, les soudes ou les savons n'a été qu'une aventure de joueur. Quelques personnes plus avisées, en apparence, réservent leurs anathèmes pour les opérations à terme sur les fonds publics. Ce système est encore en dehors de la vérité. Il n'y a pas de spéculation sur les fonds publics dans les pays qui n'ont pas un centre de commerce pour réunir tous les négociants à heure fixe. Partout où n'existent pas des Bourses de commerce, la vie industrielle est morne, le commerce n'a pas d'activité. C'est pourquoi toutes les villes importantes ont sollicité les gouvernements de leur désigner des lieux où viendraient les vendeurs et les acquéreurs chercher des titres de créance, des lettres de crédit et de change et surtout des fonds publics.

Ceux qui n'ont pas lu dans les vieux livres les transports d'enthousiasme et de reconnaissance des contemporains en faveur des rois qui ont érigé des Bourses de commerce, ne peuvent se faire une idée du malheur d'un pays dans lequel les échanges sont limités où finissent les rélations d'amis, de connaissances, de correspondants. Donc, l'érection des Bourses a été un bienfait, en ce qu'elle a favorisé la liberté des transactions. Sur cela nulle difficulté.

Nous venons donc d'établir qu'il est parfaitement licite et hors de tout blâme de vendre à terme des marchandises que l'on se procurera; que nous ne voyons aucune raison d'exclure de cette loi générale les actions, obligations ou titres de rente. C'est au contraire les valeurs sur lesquelles les marchés à terme ont le plus de raison d'être. Le vendeur est absolument assuré qu'il s'en procurera; il lui suffira de se rendre à la grande foire de la Bourse. Il y trouvera toujours des titres à acheter, ce qui lui permettra de tenir ses engagements. Bref, un marché à terme sur les fonds publics ne saurait être plus immoral qu'une convention du même genre sur des farines, des houblons, ou sur des immeubles.

Les jurisconsultes de notre époque sont assez enclins à admettre ces justes idées; il leur reste un dernier scrupule qu'ils vont puiser dans des règlements antérieurs ou postérieurs à 1789. Nous verrons bientôt ce que valent ces vieux édits, règlements, ou arrêts du Conseil. Empruntons sur l'emploi de cet arsenal rouillé un nouvel extrait du rapport de M. Michel Chevalier. L'illustre auteur après avoir montré l'impossibilité de raviver les règlements de l'ancien régime, complète et résume ses vues dans les termes suivants (p. 280):

« Il est donc indispensable d'élever une barrière infranchissable devant toute tentative d'exhumation d'anciens édits et d'anciens règlements.

« Ce serait donner des gages au progrès, dans l'intérêt de l'industrie, comme pour la bonne gestion des affaires publiques en général, que de prononcer l'abrogation en bloc des lois de l'ancien régime, sauf à rajeunir par une loi, qui se réduirait à un très-petit nombre de dispositions, celles des mesures vraiment utiles contenues dans les anciens édits, arrêts du conseil ou ordonnances qui n'auraient pas été reprises et remodelées déjà par le législateur depuis 1789. »

Ce vœu semble d'un bon esprit dont les réflexions sagement exprimées sont justifiées par des exemples aussi détestables que démonstratifs. Il n'est donc pas désirable que nous trouvions encore en vigueur des arrêts ou des édits faisant obstacle à la liberté des transactions. Tous les hommes d'État ne l'ont point ainsi pensé. Chaque fois que les fonds publics ont souffert une forte dépréciation, il s'est rencontré des gens pour accuser les agioteurs et raviver les anciens règlements. Si les effets publics ont été recherchés, ces mêmes règlements ont été raillés et délaissés. La moralité de ce récit est que les gouvernements ne veulent jamais avoir commis d'erreur; si les capitaux effrayés se retirent, ce sont les capitaux qui ont tort en face de ministres impeccables. La justice ne doit pas s'égarer dans de semblables labyrinthes, il faut qu'elle aille droit son chemin, en méprisant les vaines clameurs.

Et maintenant que nous avons exposé la théorie et montré : 1° que les marchés à terme ne sont pas réprouvés par la morale, que l'usage les a consacrés; 2° qu'il n'est pas désirable de trouver des règlements anciens contraires à ces vues;

Nous allons aborder les documents législatifs cités ordinairement dans cette discussion.

II.

Qu'on nous permette avant de parler des textes de dire que les achats et ventes de fonds publics ou de parts dans les sociétés ne sont pas choses nouvelles. Des documents certains nous montrent qu'il y a eu des sociétés en commandite depuis les temps les plus reculés. Nous devons en conclure que les parts sociales des commanditaires pouvaient être vendues et qu'elles se vendaient en effet. Cicéron et Valère-Maxime ont employé le mot *partes* pour désigner les parts dans les sociétés. Les guerres que se faisaient les partis de Rome avaient souvent pour cause la prospérité ou le malheur des associations puissantes formées pour la levée des impôts. C'est à la suite d'une discussion sur la société d'Asie que César fit emprisonner Caton. Les argentiers dont les boutiques entouraient le Forum n'étaient pas de simples changeurs de monnaie. Ils trafiquaient de tout et je ne sache pas qu'il leur ait été défendu de vendre à terme les parts ou actions que les titulaires voulaient céder. Nous savons mal la manière dont les Grecs faisaient le commerce; mais les plaidoyers de Démosthènes nous ont montré que les lettres de change, que les sociétés commerciales étaient en usage dans sa patrie, nous devons en conclure que la vente à terme des effets de commerce au moins pouvait y être pratiquée, et je ne vois pas de raison de supposer que les négociations devaient toujours être faites au comptant. L'histoire ne nous fait point connaître comment les Italiens du moyen âge procédaient. Eux aussi ont dû se livrer à des spéculations multipliées sur les valeurs fiduciaires, puisqu'ils s'en servaient. De sorte que chez tous ces peuples, *la plaie* des opérations de Bourse était toujours saignante, ce qui n'empêchait pas les cités maritimes de la Méditerranée de devenir les reines du monde. C'est que cette prétendue plaie n'est que le symptôme d'une prospérité croissante contre laquelle il est insensé de réagir. Ce fut vers le commencement du XVIIe siècle que le roi Henri IV établit un ensemble de grandes compagnies pour le commerce extérieur. Longtemps avant, lorsque le sire de Béthencourt allié des rois de France et d'Aragon était allé conquérir les îles Canaries, il était parti à la tête d'une compagnie autant commerciale que belliqueuse. Il n'avait pas créé cette manière de traiter les expéditions lointaines. Sous François Ier, il en fut érigé plusieurs auxquelles le roi et les courtisans s'intéressèrent par leurs commandites. Pizarre, le conquérant de Pérou, partit comme chef d'une compagnie du même genre, ayant des bailleurs de fonds, commanditaires de l'entreprise; et pour dernier exemple nous citerons Drake, ce corsaire insolent et audacieux, qui dévasta les colonies espagnoles et qui comptait la reine Elisabeth d'Angleterre parmi ses intéressés. Quoiqu'il en soit, ces compagnies conquérantes prirent vers l'année 1600 de notre ère un développement inouï. La Hollande, l'Angleterre, la France rivalisèrent. On peut dire, que la création des grandes compagnies de commerce, comme affaire politique et d'intérêt national, date du règne de Henri IV. Louis XIII, puis Louis XIV réorganisèrent ces compagnies dont les parts ou actions ont nécessairement été un élément de la spéculation que les gens inexpérimentés désignent sous le nom d'agiotage. Ainsi, notre conviction profonde est que les transactions sur les parts dans les compagnies sont aussi anciennes que le commerce.

Nous manquons de renseignements sur les budgets et la manière dont se faisait la perception des impôts au commencement de la séparation de la France d'avec l'empire romain. Quoi qu'il en soit, en 1705, sous le règne de Louis XIV nous allons voir apparaître tout à coup une organisation complète, formée pour régulariser la vente des effets publics et des titres ou valeurs sur l'Etat. Nous ne savons point au juste quelle était alors la dette de la nation ou du roi, comme on disait en ce temps, mais nous savons quelque chose de l'année 1708. Après la mort de Louis XIV, les finances étaient si déplorablement au-dessous des besoins, que le contrôleur des finances Desmarest crut devoir se justifier auprès du régent. Il adressa donc à ce prince un mémoire dans lequel il lui expliqua sa conduite, la nature de ses fonctions et la situation dans laquelle il avait été placé. C'est dans ce mémoire qu'il est parlé des finances de l'année 1708.

Le 20 février 1708, il était dû au public, pour les nouveaux billets de monnaie réformés, 72 millions; pour les billets de monnaie consentis, ou billets des fermiers généraux, 54 millions 455,825 livres, et ainsi de suite jusqu'à plus de 264 millions de billets, sans compter 110 millions dus au sieur Bernard, ce qui faisait 374 millions, sur une dette publique de plus de 482. Or l'édit de 1705, par lequel sont créés par toute la France 116 agents de change, 20 pour Paris, (conseillers du roi), leur donne précisément la fonction de faire les négociations en deniers comptants, billets et lettres de change. Comme cette phrase pourrait être entendue en ce sens que les billets dont la négociation était ainsi autorisée étaient des billets de change, il convient de rappeler le préambule de cet édit et quelques passages de son dispositif : « Louis, etc. — Le secours que les agents de change, de banque et marchandises, ont procuré pendant le cours de la dernière guerre et de la présente aux trésoriers, aux entrepreneurs des vivres, des étapes et autres, et aux particuliers chargés du recouvrement de nos deniers et intéressés dans nos affaires, en leur faisant prêter les sommes dont ils ont eu besoin pour satisfaire à leurs engagements envers nous et le public, et les facilités que les dits agents de change ont fait trouver dans le commerce entre les banquiers, les marchands et les négociants, leur a attiré une confiance si entière que les négociations les plus importantes passent présentement par leurs mains. »

Ainsi, ce qui surtout avait donné de l'importance aux agents de change, c'était leur immixtion dans les opérations des trésoriers et des fournisseurs, autrement dit dans le commerce des effets publics, représentés par les billets dont nous avons parlé, d'après le rapport de Desmarest, le contrôleur général des finances. — C'est pourquoi nous rapporterons à ces effets le mot *billets* de la phrase suivante : «Voulons que toutes les lettres de change et billets qu'ils négocient soient cotés d'eux et qu'ils en certifient les signatures véritables. » Ce qui est encore mieux établi par la prohibition suivante, contenue au même édit : « Et comme nous avons été informé que plusieurs de nos fermiers, traitants, gens d'affaires, leurs caissiers et autres, sous prétexte qu'ils ont intérêt en se mêlant des dites affaires, se chargent de faire les dites négociations des billets des sommes que les dites compagnies délibèrent d'emprunter, et qu'ils le font indépendamment des dits agents de change, en vue de profiter du droit qui n'est dû qu'à eux. . . . Nous voulons que tous billets d'emprunts faits en commun par les dites compagnies soient négociés par l'entremise des dits agents de change et cotés de la main d'un d'iceux, etc.»

Les trésoriers des pays d'États, les receveurs généraux des finances, d'autres encore étaient dispensés de l'emploi des agents de change, mais nous avons voulu établir, et nous l'avons fait, qu'à ce moment, en 1705, les agents de change étaient des intermédiaires pour le trafic des valeurs fiduciaires, parmi lesquelles figuraient en première ligne les titres de la dette publique. Si donc on négociait ces valeurs sans qu'il fût enjoint de les vendre toujours comptant, il faut tenir qu'il était loisible de les vendre à terme. Déduisons de ces prémisses que, sous Louis XIV, les opérations de Bourse étaient usitées à ce point qu'à Paris, outre les gens du contrôle des finances, les receveurs et trésoriers, il y avait une compagnie de 20 agents de change en titre d'office. Les documents contemporains nous apprennent que l'édit de 1705 n'ajouta que deux titulaires aux agents qui étaient déjà en exercice. Ainsi, avant 1705, il y avait des agents de change, avant 1705, on spéculait à la Bourse, et en ce temps-là il n'était pas défendu de faire des opérations à terme. Les jurisconsultes qui ont traité cette question ont toujours omis de remonter vers ces origines, ils commencent tous à l'arrêt du conseil du roi en date du 24 septembre 1724.

Le régent avait changé le système de Louis XIV; il ne croyait pas devoir réparer les fautes des grands seigneurs aux dépens du public.

La régence a été la première tentative de gouvernement au profit de la nation; mais, comme les finances étaient en piteux état et qu'il était important d'assurer le maintien des services indispensables, le régent s'était confié à cet intrigant habile qui rétablit les compagnies de commerce, créa une banque d'État et tenta de régénérer un pays qui ne voulait pas l'être. Law échoua, comme on le sait. Il quitta sans fortune cette France où il était arrivé ruiné. Nous n'avons jamais compris les anathèmes ou les éloges outrés que les historiens ont tour à tour dirigés sur cet homme. Law avait créé des valeurs fiduciaires en quantité considérable; on en fit dans la rue Quincampoix, siége des opérations de la Compagnie des Indes, un trafic immense. Il y eut des ruines et des fortunes subites, car le trésor gagna peu à ces négociations. Puis les effets étant tombés, comme le régent laissait à chacun la responsabilité de ses actes, les grands seigneurs ruinés, les courtisanes désenchantées se mirent à crier contre les agioteurs. Quant aux enrichis, ils étaient criblés des mille traits de la satire; la chanson en avait fait ses victimes à ce point que, sous la Restauration encore, dans mon Poitou, un prétentieux et une prétentieuse ridicules, récemment enrichis, étaient appelés le marquis et la marquise de Quincampoix. Puis les jansénistes! — Au temps où la cour faisait ce qu'elle voulait, c'est-à-dire suivait ses passions, les vices des hommes n'avaient pas de frein; le mal en était venu à ce point qu'il s'éleva une secte de religion ou de philosophie, comme on voudra l'appeler, dont le but était de maintenir l'ordre dans le cœur de l'homme et de transporter l'austérité dans le gouvernement: les grands magistrats, d'Aguesseau en tête, furent de cette secte, l'honneur des XVII et XVIIIe siècles. — Quand on lit les pages écrites par ces mains énergiques, on prend en pitié les doctrines des stoïciens. Il a été donné à la France des Arnauld, des Pascal, des Nicole et d'Aguesseau, de dépasser dans la théorie et la pratique la Grèce de Zénon. Or ces jansénistes, comme on les nommait, furent sans pitié pour les individus; mais les excès de la spéculation les remuèrent, et ils vinrent demander pourquoi l'autorité n'avait pas empêché les désastres que ne pouvait plus cacher ou pallier la faveur du roi, dispensateur du trésor de la nation; ils allèrent jusqu'à condamner l'achat et la vente des actions, sans distinguer même entre les marchés à terme et les marchés au comptant. D'Aguesseau n'osa pas, dans un mémoire composé sur ce sujet, condamner d'une manière absolue le trafic des actions; il incline visiblement vers la prohibition; mais il s'arrête et cède à des considérations d'un ordre inférieur pour un esprit comme le sien.

Les gouvernements reflètent toujours l'esprit public dans les lois qu'ils promulguent ; il leur faut une grande force pour ne pas se laisser entraîner par l'opinion. Le duc d'Orléans lui-même aurait peut-être été obligé de céder, en tout cas il n'était plus, et le duc de Bourbon, son successeur, consentit à prohiber les marchés à terme. Cette mesure oppressive se présenta, suivant l'usage, sous l'aspect d'une faveur destinée à accroître les transactions commerciales. Nous avons dit que les opérations sur le système de Law avaient été faites dans la rue Quincampoix, l'arrêt du conseil du 24 septembre 1724 sembla vouloir obvier au retour d'un pareil fait; il ordonna la création dans Paris d'une place appelée la Bourse. C'est dans cet arrêt que l'on trouve les dispositions suivantes :

« Art. 29. A l'égard des négociations de papiers commerçables et autres effets, elles seront toujours faites par le ministère de deux agents de change ; à l'effet de quoi les particuliers qui viendront acheter ou vendre des papiers commerçables et autres effets, remettront l'argent ou les effets aux agents de change avant l'heure de la Bourse, sur leurs reconnaissances portant promesse de leur en rendre compte dans le jour, et ne pourront, neanmoins lesdits agents de change, porter ni recevoir aucuns effets ni argent à la Bourse, ni faire leurs négociations autrement qu'en la forme ci-après marquée ; le tout à peine de.... »

Ainsi les particuliers devaient remettre avant la Bourse à leurs agents les titres destinés à être vendus, et quand ils voulaient acheter, la somme qu'ils voulaient employer ; les marchés à terme étaient interdits par là même. Les besoins du public réagirent et l'arrêt tomba en désuétude; les marchés à terme se firent plus fréquents que jamais, parce qu'ils augmentent en proportion des besoins du commerce. Notons qu'au moment où cet arrêt fut porté, les jurisconsultes étaient tous unanimes pour dire que la loi ne donnait pas d'action pour le paiement d'une dette de jeu et d'un pari et que pas un d'eux n'avait songé à faire l'application des règles de jeu aux marchés à terme. Grotius dans le passé, Puffendorf, son émule, Barbeyrac, leur traducteur, qui a fait trois volumes sur le jeu, sont muets sur notre question. Pothier, dont le traité du jeu est un petit chef-d'œuvre, ne l'aborde pas. Cependant le problème avait été posé par d'Aguesseau dans son mémoire sur le commerce des actions. Sans appliquer ses idées aux conventions entre négociants, le chancelier faisait remarquer que les gains excessifs que l'on pourrait faire au jeu étaient illicites, ce qui était donner l'éveil et conduire à se demander si un marché pouvait être un jeu ou un pari ; nul n'y fit attention dans le moment. Nous verrons plus tard que le mot n'a pas été perdu et qu'il a été ramassé par le législateur avant de devenir en quelque sorte populaire. Quant à présent, nous retenons que l'arrêt du 24 septembre 1724 n'a pas changé les principes et flétri du nom de jeu les opérations qu'il réglementait, en édictant contre les agents de change des peines abrogées par le non-usage, aussitôt que portées.

Le ministre De Calonne voulut, en 1785, recommencer le système de Law. On vit ce personnage ressusciter les compagnies pour le commerce aux Indes orientales et occidentales et restaurer la banque d'État, sous le nom de caisse d'escompte et sous d'autres encore. Ees cours surexcités prirent un essor rapide, puis tombèrent, parce que le ministre n'avait pas de ressources capables de faire face à ses engagements. Turgot, en pareil cas, aurait cherché d'où venait le mal et aurait tenté d'y porter remède. Beaucoup moins convaincu que Turgot et surtout plus ambitieux, De Calonne songea aux anciens édits et voulut les raviver. En conséquence, le 7 août 1785, il obtint un arrêt du conseil qui, rappelant bien mieux que l'arrêt du 24 septembre 1724, se présentait entouré du cortége imposant des édits de decembre 1705, août 1708, mai 1713, novembre 1714, août 1720, janvier 1723; des déclarations des 3 septembre 1709, 13 juillet 1714; des arrêts du conseil du 10 avril 1706, naturellement du 24 septembre 1724 et du 26 février 1726. L'arsenal était fourni, comme on le voit; cependant il n'est pas d'usage, dans notre question, de tenir compte de toutes ces armes. De Calonne, bien que tout-puissant, n'osa pas prohiber les marchés à terme. Il se contenta de les flétrir : « Le roi est informé, disait-il, que depuis quelque temps il s'est introduit dans la capitale un genre de marchés, ou compromis, aussi dangereux pour les vendeurs que pour les acheteurs, par lesquels l'un s'engage à fournir, à des termes éloignés, des effets qu'il n'a pas, et l'autre se soumet à les payer sans en avoir les fonds, avec réserve de pouvoir exiger la livraison avant l'échéance, moyennant l'escompte; que ces engagements qui, dépourvus de cause et de réalité, n'ont, suivant la loi, aucune valeur, occasionnant une infinité de manœuvres insidieuses, tendent à dénaturer momentanément le cours des effets publics, à donner aux uns une valeur exagérée, et à faire des autres un emploi capable de les décrier; qu'il en résulte un agiotage désordonné, que tout sage négociant réprouve, qui met au hasard les fortunes de ceux qui ont l'imprudence de s'y livrer, détourne les capitaux de placements plus solides et plus favorables à l'industrie nationale, excite la cupidité à poursuivre des gains immodérés et suspects, substitue un trafic illicite aux négociations permises, et pourrait compromettre le crédit dont la place de Paris jouit à si juste titre dans le reste de l'Europe... » De Calonne suit son thème et arrive à blâmer « ce jeu effréné, consistant en paris et compromis clandestins sur les effets publics. » Après des blâmes aussi énergiques, la conséquence devrait être la nullité des marchés à terme dans le passé et l'avenir. Le ministre n'ose pas aller aussi loin. Il se borne à les réglementer de telle façon qu'il paraissait impossible d'en faire : « Déclare nuls S. M. les marchés et compromis d'effets royaux et autres quelconques, qui se feraient à terme, *et sans livraison desdits effets, ou sans le dépôt réel d'iceux constaté par acte dûment contrôlé au moment même de la signature de l'engagement.* » Donc quand on constatait par acte dûment contrôlé que l'on était propriétaire de titres, on avait le droit de les vendre aussi bien à terme qu'au comptant. Puis notre arrêt du 7 août 1785 déclare que les marchés à terme déjà passés seraient exécutés. Ce qui était revenir à la législation de l'édit de 1705 et abroger la prohibition de 1724.

Le nouvel arrêt du conseil eut le sort des précédents ; il était contraire aux besoins du commerce et ne fut pas exécuté. Quand même on s'y fût asservi en ce temps-là, il faudrait tenir qu'il est aujourd'hui absolument impraticable. Pour s'y conformer deux voies sont ouvertes. Dans l'une, il faut nantir l'agent de change ; dans l'autre, lui remettre un certificat authentique de propriété. Pour se faire une idée du mouvement de titres auquel donneraient lieu les ventes au comptant, il suffit de réfléchir sur l'immense quantité des valeurs fiduciaires répandues sur le globe. Il y en a probablement pour des centaines de milliards. Les statistiques de 1867 évaluaient, par exemple, à 12 milliards le capital engagé dans les chemins de fer et représenté en entier par des actions ou des obligations. Se figure-t-on ce que seraient le matin, chez les agents de change de Paris, les arrivages de papier que nécessiterait la stricte observation de l'arrêt de 1785. Il viendrait des masses d'obligations, d'actions, de coupons, de titres de tous les points du globe. Les classements à opérer seraient tels que des armées d'employés ne suffiraient pas. On peut répondre que l'enregistrement d'un certificat de dépôt au moment de la signature du marché obvierait à l'inconvénient du transport. C'est très-bien dit, lorsqu'il s'agirait de masses de titres, autrement ces certificats et leur enregistrement causeraient des embarras inextricables et plus préjudiciables à l'agent que son courtage ne lui serait avantageux, par la perte du temps qu'entraînerait l'opération. En effet le vendeur serait tenu de se trouver à la Bourse au moment où son agent traiterait pour lui; car celui-ci serait obligé de la lui faire approuver par écrit et de lui faire signer la promesse de livraison. Voyons l'opération se faire. L'heure sonne, les agents de change se rangent autour de la corbeille. L'un d'eux, ayant charge de vendre à terme, trouve un collègue qui consent à acheter. Tous les deux se donnent parole, mais cela ne suffit pas. Il faut encore avoir le certificat du dépôt controlé et la signature des deux parties; il est donc indispensable que les agents descendent de leur poste, cherchent leurs clients et passent leur journée pour une seule et unique opération; pour deux, trois, quatre si l'on veut, mais toujours pour peu de chose. L'heure de la fermeture de la Bourse sonne, et le commerce pâtit une fois de plus de la manie des réglementations.

Les négociants n'acceptèrent pas l'arrêt du 7 août 1785. Le 12 octobre de la même année intervint un nouvel arrêt, non pour déclarer nuls les marchés à terme faits en contravention au précédent règlement, mais au contraire pour veiller à leur exécution. L'article 1er charge des commissaires de les liquider. L'article 2 portait: « Ceux des porteurs desdits marchés et compromis qui seront hors d'état de satisfaire avant le 20 de ce mois au dépôt ordonné des effets à livrer seront tenus de représenter dans le même délai lesdits marchés ou compromis auxdits sieurs commissaires auxquels ils feront, en présence des parties intéressées, leurs déclarations et propositions sur les moyens de remplir leurs engagements, ou sur les engagements de liquidation qui pourraient y suppléer. » Puis, bien que le préambule eût rappelé tous les anciens édits, règlements ou arrêts supposés toujours en vigueur, l'article 8 ajoute : « Entend S. M. qu'il pourra être seulement suppléé au susdit dépôt par ceux qui, étant constamment propriétaires des effets qu'ils voudront vendre, et ne les ayant pas alors dans leurs mains, déposeraient chez un notaire les pièces probantes de leur libre propriété. »

Ce nouvel arrêt valida donc les marchés à terme conclus au mépris des règles posées par l'arrêt précédent. Il fit plus, il autorisa de nouveaux marchés à terme pour l'avenir, sauf, bien entendu, la présentation d'un certificat de propriété dressé par un notaire, triste garantie dont se munissaient les insolvables et que négligeaient les honnêtes gens.

Ces arrêts n'avaient point encore déterminé le délai dans lequel les marchés à terme devaient être exécutés. Les agents de change n'ayant point de règles fixes suivaient les caprices de leurs clients et faisaient des opérations dont l'échéance était souvent fort éloignée. Cette situation appela l'attention du Conseil du roi, qui prit une nouvelle décision par un arrêt du 22 septembre 1786, portant : « Veut, en outre, S. M., qu'il ne puisse être fait à l'avance aucun marché d'effets royaux ou autres effets publics ayant cours à la Bourse, pour être livrés à un terme plus éloigné que celui de deux mois, à compter du jour de sa date; déclare nuls tous ceux qui seraient à plus long terme. »

Nous fermons sur ce texte l'étude des documents de l'ancienne jurisprudence. Notre ancienne législation n'en donne pas de plus récents; par conséquent, elle permettait les marchés à terme, qui étaient soumis à certaines conditions, telles que la remise des titres chez l'agent de change, ou un certificat de propriété dressé par un notaire. Enfin, ces marchés devaient être exécutés dans les deux mois de leur conclusion :

La Révolution fut la cause des fluctuations les plus rapides sur les fonds publics. Les saines théories de l'économie politique se trouvèrent en face des partisans du *maximum* et de la réglementation à outrance. On commença par supprimer les agents de change, comme on avait fait de toutes les corporations privilégiés. Nous savons tous le langage de ces temps orageux. *L'Ami du peuple* et *les Actes des Apôtres* se renvoyaient tous les jours des menaces d'assassinat. On ne connaissait pas d'autre manière d'argumenter; l'ancien régime n'en avait pas donné de meilleure. Les journaux de toutes nuances n'étaient d'accord que sur un point, c'était pour attaquer ceux que d'Aguesseau avait marqué du nom de manieurs d'argent, et que Marat, comme André Chénier, dénonçaient à l'accusateur public sous le nom d'agioteurs. Chose digne de remarque, ces périls sérieux qui étaient imminents n'ont point empêché les spéculations, et les marchés à terme continuaient, comme si ces conventions n'avaient jamais été interdites ou réglementées.

Cependant il fut dit par l'article 3 du décret du 13 fructidor de l'an III de la république française : « Tout homme qui sera convaincu d'avoir vendu des marchandises et effets dont, au moment de la vente, il ne serait pas propriétaire, est déclaré agioteur et doit être puni comme tel. »

La peine était la mort.

Nous abandonnerons sans désir d'y voir revenir le pays cette législation d'une époque où le danger auquel chacun était exposé doit faire pardonner beaucoup.

Nous arrivons à un acte plus important. La Convention, à la veille d'abdiquer ses pouvoirs, voulut réglementer la Bourse comme elle avait réglementé toutes les relations de la vie civile et politique. Un décret du 28 vendémiaire de l'an IV statua sur la police de la Bourse; il portait en son article 4 : « Attendu que les marchés à terme ou à prime ont déjà été interdits par *de précédentes lois*, tous ceux contractés antérieurement au présent décret sont annulés, et il est défendu d'y donner aucune suite, sous les peines portées, etc... »

On s'est demandé quelles étaient les anciennes lois auxquelles se référait la Convention nationale. Ceux qui voudront remonter à l'arrêt de 1724 seront pour la nullité des marchés à terme; il en sera de même de ceux qui voudront seulement s'arrêter au décret du 13 fructidor de l'an III; ceux qui tiendront que les anciennes lois visées sont les arrêts de 1785 et de 1786 valideront les marchés à terme, qui n'étaient pas nuls sous cette législation, comme nous l'avons montré.

Mais les lois contraires à la nature des choses sont toujours impuissantes. Le gouvernement fut bientôt mis en demeure de s'occuper à nouveau de notre question. Un arrêt du 2 ventôse de l'an IV, pris par le Directoire exécutif, disposa sur la police de la Bourse, article 2 : « Nul ne pourra y vendre ou échanger des matières ou espèces métalliques, ni des assignats, et faire aucun traité y relatif, si, conformément au vœu de la loi du 13 fructidor, il ne justifie qu'il est actuellement possesseur des objets à vendre ou à échanger, et ce, par la production d'un certificat de dépôt desdits objets, soit chez un des vingt agents de change, soit chez un des notaires publics du canton de Paris. » En d'autres mots, et traduisant l'arrêté du 2 ventôse de l'an IV, il faut dire que chacun a été libre, même avec le décret du 13 fructidor et celui du 28 vendémiaire, de traiter au comptant ou à terme, pourvu que les contractants fussent à même de faire les justifications demandées par notre arrêté. Les marchés à terme étaient fort gênés, comme on le voit, par les précautions imposées aux vendeurs; mais ils l'étaient encore par l'art. 15 du chapitre second de notre arrêté, qui exigeait du vendeur la tradition de l'effet vendu dans les vingt-quatre heures de l'opération.

III.

Ce passé a été abrogé, que son nom ait été loi, édit, ordonnance, règlement, arrêté ou arrêt du Conseil. Un arrêté consulaire du 27 prairial de l'an X disposa : « Art. 13. — Chaque agent de change, devant avoir reçu de son client les effets qu'il vend ou les sommes nécessaires pour payer ceux qu'il achète, est responsable de la livraison et du paiement de ce qu'il aura vendu et acheté. Son cautionnement sera affecté à cette garantie et sera saisissable en cas de non consommation d'une Bourse à l'autre, sauf le délai nécessaire au transfert des rentes ou autres effets publics dont la remise exige des formalites. »

M. Troplong pensait que les précautions exigées par cet article ne doivent être envisagées que de l'agent de change à son client. Ce savant jurisconsulte croyait à la légitimité des opérations à terme. Il disait sur notre article, dans son *Traité des contrats aléatoires :* « Sans doute le vendeur à terme ne peut pas remettre à l'agent de change des titres qu'il n'a pas entre les mains, pour me servir de l'expression de l'arrêt du 12 octobre 1785; mais l'agent doit mettre sa responsabilité à couvert, en exigeant la preuve de la propriété. Sans doute encore l'acheteur ne pourra pas remettre à l'agent de change la totalité de la somme nécessaire pour faire l'achat, puisqu'il n'achète à terme que parce qu'il ne l'a pas, mais l'agent de change devra exiger une couverture. » Ainsi l'arrêté des consuls de l'an X est purement réglementaire et le public n'a point à s'occuper de ses dispositions. On a contesté l'opinion de M. Troplong, en s'appuyant sur les arrêts du Conseil antérieurs à la Révolution et sur les autres documents que nous avons recueillis. Nous n'insisterons point sur les contradictions dont fourmillent ces documents qui nous semblent aujourd'hui sans application possible. Ainsi nous nous hâterons vers les textes qui, suivant nous, sont encore en vigueur.

Tout d'abord nous rencontrerons le code de commerce. Il ne faut pas supposer qu'au moment où il a été rédigé, le trafic des valeurs fiduciaires était anéanti. Le contraire est prouvé par tous les mémoires du temps, et mieux encore par le discours prononcé le 10 septembre 1810 par le tribun Jard-Panvillier, chargé de présenter au Corps législatif le vœu du Tribunat pour l'adoption des sept premiers titres de notre Code. M. Jard-Panvillier disait : « Le jeu sur les effets publics est devenu une fureur qui cause la ruine d'une multitude de particuliers, sans aucun avantage pour le gouvernement ni pour les possesseurs des rentes sur l'Etat, qui les considèrent comme une propriété réelle et à conserver. » Ce discours est précieux par ce qu'il nous dit et par ce qu'il nous sous-entend En ce temps-là les marchés à terme étaient donc d'une fréquence incontestable, puisqu'ils excitaient la réprobation de M. Jard Panvillier, comme ils excitent aujourd'hui la colère de tous ceux qui ne savent pas accepter les bienfaits de la liberté, sans lui reprocher des fautes qu'il a toujours été impossible d'empêcher. Or, le gouvernement était en demeure; les grands corps de l'État étaient avertis par la solennité de la discussion, l'empereur lui-même n'aimait pas les agioteurs; il semble que le moment était venu de traiter à fond la matière, et cependant il n'en fut rien. Le Code de commerce institua des agents de change, les chargea de vendre et d'acheter les effets publics, sans dire si ce serait au comptant ou à terme, ce qui emportait évidemment l'idée que ces agents achèteraient et vendraient comme il plairait à leur clientèle. La loi ne leur a imposé aucune restriction, dès lors ils peuvent agir librement sans être taxés de manquement à leurs règles professionnelles.

L'article 74 du Code de commerce reconnaît, pour les actes de commerce, des agents intermédiaires; savoir, les agents de change et les courtiers. « — 75. Il y en a dans toutes les villes qui ont une Bourse de commerce. Ils sont nommés par l'Empereur. — 76. Les agents de change constitués de la manière prescrite par la loi, ont seuls le droit de faire les négociations des effets publics et autres susceptibles d'être cotés; de faire pour le compte d'autrui les négociations des lettres de change ou billets, et de tous papiers commerçables, et d'en constater le cours. Les agents de change pourront faire concurremment avec les courtiers de marchandises, les négociations et le courtage des ventes et achats des matières métalliques. Ils ont seuls le droit d'en constater le cours. » Ce qui précède est le texte ancien, modifié en 1862 sur un point étranger à notre discussion, de sorte que la loi est encore ce qu'elle était.

Or il est arrivé avant 1862 que des courtiers, désignés sous les noms de courtiers-marrons ou coulissiers, s'étaient mêlés aux affaires de Bourse et avaient créé des concurrences sérieuses aux agents de change. Ceux-ci se plaignirent et demandèrent que des poursuites correctionnelles fussent dirigées contre les usurpateurs de leurs fonctions. Le ministère public poursuivit. Tout à coup M. Bozérian, aujourd'hui avocat à la Cour de cassation, l'un des défenseurs des prévenus, soutint un système tout nouveau. Il montra que ses clients n'avaient jamais fait sur les fonds publics la moindre opération au comptant; que toutes leurs négociations avaient été à terme. Or, disait-il, les arrêts du conseil de 1724, 1785 et 1786, les lois et arrêtés postérieurs ont rendu impossible, par conséquent prohibé l'ingestion des agents de change dans les marchés à terme. Donc prêter son ministère pour faire traiter d'un marché à terme, ce n'est pas empiéter sur les fonctions des agents de change. La Cour de cassation eut cette défense à examiner. Elle jugea avec raison, le 19 janvier 1860, que la règle de notre matière se trouve dans notre article 76 du Code de commerce, lequel investit les agents de change à l'exclusion de tous autres du droit de faire des négociations sur certaines valeurs, sans distinguer entre les opérations à terme et les opérations au comptant. Il était impossible que la Cour suprême jugeât autrement, car si l'article 76 n'abrogeait pas expressément les anciens règlements, l'article 90 en contenait une abrogation formelle, en ces termes : « Il sera pourvu par des règlements d'administration publique à tout ce qui est relatif à la négociation et transmission des effets publics. » Ainsi la loi nouvelle autorisait les marchés de toute nature, sans aucune distinction entre ceux qui sont faits au comptant, à terme, à prime ou sous d'autres conditions.

Les gens qui sont étrangers aux études juridiques et qui ne se donnent pas la peine de réfléchir, ont beaucoup crié contre les marchés à prime ; mais ce genre d'opérations est très-simple. Celui qui promet une prime si le cours s'élève au-dessus d'un chiffre déterminé, ne fait pas autre chose que celui qui achète en donnant des arrhes avec faculté de dédit. Les Grecs connaissaient les arrhes ; les vieux Romains en ont pris l'usage aux trafiquants d'Athènes ou de Corinthe, jamais on n'a critiqué cette manière de traiter comme immorale ; au contraire le consentement unanime des nations en a adopté l'usage. Si celui qui a donné des arrhes ne veut pas exécuter le marché, il en est quitte pour abandonner ce qu'il a remis ; si celui qui a reçu veut se défaire de l'opération, il en est quitte en payant le double de ce qu'il a reçu, telles sont les dispositions de l'art. 1590 du Code Napoléon. Les marchés à prime ne sont pas autre chose.

Donc il est loisible de traiter de toutes les valeurs que chacun de nous peut posséder, au comptant, à terme, purement ou simplement, sous condition, avec prime et de toutes les façons que l'esprit humain peut créer.

Mais les lois répressives demandent à paraître et à se faire entendre. La loi du 13 fructidor de l'an III a porté la peine de mort contre tout homme qui serait convaincu d'avoir vendu les marchandises et effets dont au moment de la vente il ne serait pas propriétaire. Une pareille sévérité ne pouvait être effacée tout d'un coup. Le code des délits et des peines rédigé par Merlin et adopté par la Convention en l'an IV, n'était qu'un code de procédure ; il n'y fut point parlé des agioteurs, pas plus que de la réglementation du commerce et de l'industrie. Le législateur de 1810 crut nécessaire de poser certaines règles, et il nous a donné un ensemble de dispositions sur les transactions commerciales depuis l'article 412 jusques et y compris l'article 433. Tout cet outillage doit être mis à l'écart. Ainsi l'article 412 punit les entraves à la liberté des enchères, non-seulement quand ces entraves ont été apportées par voies de fait, violences ou menaces, mais encore lorsque les enchérisseurs ont été écartés par dons ou promesses. Pierre et Paul ont fait une société pour soumissionner les fournitures de l'armée. Au jour fixé, ils se présentent et obtiennent l'adjudication, c'est bien, très-bien et très-louable. Mais Pierre et Paul ne se connaissaient pas, tous les deux arrivent dans les bureaux ; ils se parlent et s'entendent pour partager le bénéfice ; un seul enchérit. Il y a délit parce que la promesse de partager a écarté un enchérisseur. Cet article 412 aboutissant à un résultat aussi odieux doit être refait, l'exemple qui précède le prouve. A la suite, viennent les dispositions pénales sur les règlements relatifs aux manufactures, au commerce et aux arts. Chacun sait combien de fois on a manié et remanié les articles 419 et 420 sur les coalitions ! La matière est de nouveau prête à être retouchée.

Or, dans cette liste de délits, le législateur a placé les paris sur la hausse et la baisse des effet publics. Il l'a fait comme il suit : « 421. Les paris qui auront été faits sur la hausse et la baisse des effets publics seront punis des peines portées en l'article 419. — Art. 422. Sera réputée pari de ce genre, toute convention de vendre ou de livrer des effets publics qui ne seront pas prouvés par le vendeur avoir existé à sa disposition au temps de la convention, ou avoir dû s'y trouver au temps de la livraison. »

Ces articles, oubliés quand on a refait la loi sur les coalitions, sont un reste des préjugés d'un autre âge. Nous allons les expliquer, et montrer que leur application est d'une rare difficulté. Le projet du Code pénal portait : « Tous les paris qui auraient été faits sur la hausse ou la baisse des marchandises, denrées, ou des effets négociables *de quelque nature qu'ils soient*, sont des délits et seront punis des peines portées par l'art. 419. Ils le seront de celles portées par l'art. 420, s'ils ont été faits sur la hausse ou la baisse des grenailles, farines, substances farineuses, pain, vin ou autre boisson. Sera réputée pari de ce genre toute convention de vendre ou de livrer des denrées ou marchandises, ou des effets négociables, lorsque ces marchandises, ces denrées ou ces effets ne seront pas prouvés par le vendeur avoir existé à sa disposition au temps de la convention, ou avoir dû s'y trouver au temps de la livraison. » Ces dispositions furent soumises au Conseil d'État dans la séance du 20 décembre 1808. Locré a analysé la discussion beaucoup trop sommairemens, cependant nous en reproduisons ce qu'il nous en a transmis : « M. le comte Bégoneu trouve ces expressions, *de quelque nature qu'ils soient*, trop générales. Il pense qu'on ne doit interdire que les paris sur les effets publics, et demande que l'effet de l'article ne soit pas étendu plus loin. L'article est adopté avec cet amendement. »

L'exposé des motifs, rédigé par le conseiller d'État Faure, nous explique que l'article n'a voulu punir que les spéculateurs insolvables. Il n'y a rien à prendre dans le rapport fait au Corps législatif au nom de sa commission. Il révèle une incapacité absolue du député-rapporteur sur notre matière. Tel qu'est notre article 422, son application ne devra jamais avoir lieu. En effet, le prévenu n'est astreint qu'à une seule chose, à prouver que les effets vendus par lui et non livrés ont pu se trouver en son pouvoir au jour de la livraison. La certitude est en sa faveur; il a trouvé un agent pour vendre, il en aurait trouvé un pour acheter. Disons donc pour rester dans le vrai que l'article 422 est une arme sans portée et qu'il faut reléguer dans les vieux arsenaux, avec toutes les entraves mises à la liberté des transactions. Le jour où l'on ferait table rase de ces fatras serait un beau jour pour le commerce.

Quoi qu'il en soit, le pari sur les effets publics est prévu par la loi pénale, il est défini par elle ; nous ne savons guère pourquoi les juges des tribunaux, les conseillers des Cours sont sortis des termes mêmes de l'article 422 et ont entrepris de qualifier de jeux et de paris des faits complétement en dehors des prévisions du Code pénal.

On peut nous répondre que le juge civil doit écarter toutes les actions basées sur des faits contraires aux bonnes mœurs ; qu'ainsi le juge civil peut déclarer qu'il y a pari lorsque les faits le lui démontrent.

Cet argument repose sur une pétition de principe. La liberté des transactions est le régime auquel nous sommes tous soumis. Notre pays doit être fier de cette liberté et la conserver précieusement. La liberté de commerce emporte celle de traiter comme on l'entend, sans entraves, sous les conditions dont on convient. Nous l'avons montré avec l'arrêt de cassation du 19 janvier 1860, un de ces monuments de jurisprudence que Bacon appelait les ancres des lois, parce qu'ils en fixent le sens et la portée. Où donc nos juges vont-ils puiser le droit de prononcer la nullité de certains contrats? Lorsque l'une des parties vient elle-même invoquer cette nullité, son rôle est pitoyable; le cœur se serre et nous croyons que, toutes réserves faites sur la question, les magistrats devraient chasser ce plaideur honteux en lui appliquant l'adage : *Nemo auditur turpitudinem allegans*, nul ne peut se targuer de sa turpitude. On ne comprend de difficulté que si la partie débitrice est représentée par des créanciers, par un syndic, en un mot par des tiers. Dans ce cas encore nous répondons par le droit commun, qui laisse chacun maître de traiter, suivant ses caprices ; mais au moins ceux qui refusent de payer peuvent mériter un certain intérêt.

Achevons ce que nous avons à dire des marchés à terme :

Les articles du Code pénal que nous venons de reproduire ne prévoyant que les marchés à terme faits par les insolvables, supposent évidemment que l'agent de change peut acheter ou vendre sans être nanti, puisque le marché sera bon si les effets ont pu être dans les mains du vendeur au temps de la livraison. Cette condition fait que l'agent de change sera toujours de bonne foi et ne pourra jamais être soupçonné d'avoir été le complice de son client, si celui-ci a encouru les rigueurs du Code pénal, MM. Mollot et Troplong ont expliqué notre article 422 en ce sens qu'il autorisait les marchés à terme, et ils sont en cela d'accord avec le texte comme avec les criminalistes les plus autorisés.

Les marchés à terme ont d'ailleurs été proclamés valables par le gouvernement lui-même. Une ordonnance royale du 12 novembre 1823 a autorisé la négociation des fonds étrangers à la Bourse de Paris, déclarant qu'elle abrogeait *en cela* les dispositions de l'arrêt du conseil du 7 août 1785 ; par conséquent le reste de cet arrêt demeurait en vigueur. Le lecteur voudra bien se rappeler que l'arrêt de 1785 autorisait les marchés à terme, qui ont été, dès lors, validés par l'ordonnance de 1823.

L'article 90 du Code de commerce, nous l'avons dit, avait promis des règlements d'administration publique sur tout ce qui est relatif à la négociation et à la transmission des effets publics. Jamais cette promesse n'a été tenue. La compagnie des agents de change a vécu sur les anciens règlements jusqu'en 1832, époque où la chambre syndicale a réuni les règles de la profession dans un règlement qu'elle applique depuis cette époque, c'est-à-dire depuis trente-sept ans, et ce, au milieu des fluctuations incessantes de la Bourse et malgré les épouvantables sinistres qui ont marqué certaines époques. Les ministres qui ont eu la Bourse dans leurs attributions auraient pu condamner ce règlement qui prévoit tous les cas de marchés à terme ou à prime ; tout l'ont souffert. Il résulte de là que la Chambre syndicale, en l'adoptant, n'a violé aucune loi ; qu'elle n'a pas foulé aux pieds les règles du droit et de l'équité. Si la question avait été seulement douteuse, il se serait trouvé un jour ou l'autre un procureur général qui aurait demandé compte au syndic des incartades de sa compagnie ; mais tout était bien, car tout a été respecté.

IV.

Il est vrai qu'après avoir été tolérés par la jurisprudence, les marchés à terme furent tout à coup attaqués avec acharnement. Une controverse ardente s'éleva, vers 1823, sur notre question qui fut résolue diversement par les tribunaux. Nous reconnaîtrons que s'il ne s'était rien produit depuis cette époque on pourrait raisonnablement hésiter à conclure dans un sens ou dans un autre. Mais, outre le règlement de 1832, deux faits d'une gravité incontestable sont venus confirmer l'opinion que les marchés à terme sont valables ; nous voulons parler des déclarations du gouvernement lors de la création des obligations trentenaires, et du remaquable rapport de M. Larrabure au Corps législatif, quand il demanda l'adoption du projet qui est devenu la loi du 2 juillet

1862. Lors de la présentation du projet de loi sur les obligations trentenaire. le ministre a déclaré que ces valeurs pourraient être négociées au comptant ou à terme. Dans son rapport sur la loi du 2 juillet 1862, M. Larrabure a traité des opérations de Bourse ; nous reproduisons une partie des observations de ce législateur :

« § III. — Marchés à terme, spéculation, intérêts matériels.

« Messieurs, avant de quitter la Bourse et les affaires, nous croyons devoir mentionner les attaques dont elles sont l'objet, et y répondre dans une certaine mesure : sur toutes choses il est bon que la lumière se fasse. Nous entendons faire une guerre très-vive aux marchés à terme de la Bourse, à l'esprit de spéculation, aux spéculateurs, au culte exclusif des intérêts matériels dont la Bourse serait, dit-on, le temple principal : qu'il nous soit permis de signaler ce que de telles préventions ont d'excessif. Cette guerre est plus vive que juste et éclairée. Nous voudrions ramener les idées vraies, et pouvoir y contribuer, en les exposant de notre mieux.

« Parlons d'abord des marchés à terme. On croit qu'il n'y a là que du jeu, du jeu effréné, qui fait de nombreuses victimes. Il y a en effet du jeu ; oui les marchés à terme de la Bourse donnent lieu à des opérations fictives, ouvrent le champ aux paris sur les mouvements des cours, et tous les cœurs honnêtes doivent le déplorer. Si l'on ne veut voir que cette face de la question, on aura aisément raison. Mais il faut voir le bien comme le mal. A côté de ces opérations fictives, il y a des opérations à terme sérieuses, utiles, nécessaires même et parfaitement licites. Le devoir des hommes politiques est d'éclairer le public, en faisant la vraie part du bien et du mal. Les exemples fixent les idées : citons-en quelques-uns qui sont de tous les jours.

« Un grand négociant ou un grand banquier consulte ses livres d'échéances. En général, les payements ou les recouvrements se font aux fins du mois. Un banquier, qui a d'immenses mouvements de fonds, voit sur ses carnets qu'il va lui rentrer quelques millions à la fin de ce mois ou du mois suivant. Il n'en a pas l'emploi ; il en cherche un. Il interroge la cote de la Bourse : le cours actuel lui convient. Il donne ordre à son agent de change de lui acheter pour fin de ce mois, ou pour le suivant, 100, 150, 200 mille francs de rente 3 0/0. C'est une opération sérieuse, réelle, légitime. D'une part, les fonds destinés à payer l'achat seront prêts ; d'autre part, les inscriptions de rente seront également prêtes, il y en a toujours de disponibles à la Bourse. L'opération, quoique faite à terme, est parfaitement licite et naturelle. Cependant, dans le courant du mois ou du mois suivant, il survient au même banquier une autre affaire qui exigera ses fonds. Cette affaire nouvelle lui semble plus avantageuse que son achat de rentes. Qu'arrive-t-il alors ? Il défait en tout ou en partie, selon ses besoins, son achat de rentes. Il donne ordre de revendre à terme jusqu'à concurrence de ses besoins. A la fin des mois indiqués, tout se règle par une différence entre le cours de l'achat et le cours de la revente. Voilà une opération entamée à terme très-légitimement, défaite également à terme, très-légitimement aussi. Direz-vous qu'elle doit être interdite ? Mais prenez garde vous nuiriez à l'Etat par cette interdiction, outre que vous enchaîneriez ce qui doit être libre, car vous interdiriez ce qui fait rechercher les effets publics, c'est-à-dire la facilité et la commodité d'acheter et de vendre, par grosses masses, et en tout temps, selon ses besoins, selon ses convenances.

« *Autre exemple.* Vous savez qu'aujourd'hui la promptitude des communications a multiplié les relations internationales, les opérations financières d'un pays sur l'autre. Supposez qu'un banquier de Londres, d'Amsterdam, de Francfort, de Saint-Pétersbourg, prévenu par le télégraphe du cours de nos rentes, d'une grande baisse, par exemple, veuille y placer de l'argent. Il donne ordre à un agent de change d'acheter une certaine quantité de rentes. L'ordre peut venir télégraphiquement, en quelques minutes, mais l'argent ne peut venir aussi vite. Aussi que fait-il ? Il fait acheter pour fin du mois au cours, peut-être passager, qui lui convient. L'agent de change achète, ayant le temps de recevoir son argent pour la fin du mois. Voilà encore une opération à terme, licite et irréprochable de tous points. »

Ce morceau pourrait être transcrit tout au long, mais à présent qu'on en a montré l'esprit, on se contentera d'en donner la conclusion :

« Voilà des exemples qui justifient, ce nous semble, les marchés à terme sérieux ; nous pourrions les multiplier. Et on penserait à les interdire! Mais vous frapperiez au vif le crédit de l'Etat!... De nos jours, dans l'état de notre crédit public, les marchés à terme de la Bourse sont non-seulement utiles, mais nécessaires.. Un grand financier, qui fera toujours autorité en pareille matière, le ministre Mollien, était de cet avis ; il disait à Napoléon Ier : « Quand un homme libre a pris des engagements téméraires, c'est dans leur exécution qu'il doit trouver la peine de son imprudence ou de sa mauvaise foi : l'efficacité de la peine est dans l'exemple qu'elle laisse ; et certes ce n'est pas un bon exemple donné que l'annulation du corps du délit, au profit du plus coupable. » Le même ministre, Mollien, estimait que les marchés à terme de la Bourse étaient en eux-mêmes légitimes et devaient être protégés par la loi.

« Le Corps législatif s'est associé à ces rapports. »

Un député, nommé pour être le champion de toutes les libertés, M. Darimon, qui ne veut pas apparemment de la liberté du commerce, critiqua le rapport en termes assez ambigus ; mais son attaque fut relevée par M. Larrabure qui répondit, dans la séance du 3 juin 1862, en ces termes :

« M. Darimon a dit que, dans le silence du cabinet, j'avais pris des licences, que ces licences-là il ne les croyait pas bonnes. — Je crois qu'il a voulu faire allusion à ce que j'ai dit des marchés à terme, des attaques dirigées contre les spéculateurs. — Eh bien ! je crois que nous avons rendu service en faisant connaître au public ce genre d'opérations appelées marchés à terme... Les marchés à terme sont nécessaires. C'est seulement à la loi à les régulariser dans un intérêt de morale publique. »

Le *Moniteur* constate que des approbations ont couronné ce discours.

Déjà le système de M. Larrabure avait pour lui, comme nous l'avons exposé, l'autorité de l'arrêt justement célèbre rendu par la Cour de cassation, après délibéré en chambre du conseil, le 19 janvier 1860. Cet arrêt, ne l'oublions pas, a posé en principe que la règle de notre matière se trouve dans l'article 76 du Code de commerce, qui ne distingue pas entre les opérations à terme et les opérations au comptant (Dalloz, *Recueil périodique*, 1860, I, p. 48).

Les cours de justice et les jurisconsultes s'inclinent aujourd'hui devant ce cortége imposant. Elles ne pouvaient rester indifférentes au mouvement qui se produisait. Le répertoire de jurisprudence de MM. Dalloz a parfaitement rappelé les précédents. La question est très-bien traitée (au mot TRÉSOR PUBLIC). Mais le répertoire de ces auteurs, comme MM. Mollot et Troplong, laisse percer des hésitations qui ne sont plus de mise aujourd'hui. Les leçons de l'économie politique ont dû pénétrer dans les profondeurs de la société; nous ne sommes plus au temps où la science de la production et de la distribution des richesses était un secret réservé à quelques adeptes. Nous savons que la liberté des transactions est un droit sacré, et que l'on peut traiter de toutes les marchandises, même des valeurs fiduciaires, au comptant, à terme, à prime, suivant les besoins ou même le caprice des partis.

Mais, nous dit-on, que ferez-vous de l'article 1965 du Code Napoléon portant : « La loi n'accorde aucune action pour une dette de jeu ou pour le paiement d'un pari. » Nous répondrons que nous laisserons cet article où il est et pour les choses qu'il régit. Notre esprit ne peut admettre l'application de cet article à des marchés sur des valeurs sérieuses, et rien n'est sérieux comme les fonds d'État, et les actions ou obligations que l'on cote à la Bourse. Nous avons montré comment Barbeyrac et Pothier avaient omis de parler des marchés à terme et de les assimiler aux agissements pour lesquels la disposition de notre article 1965 a été inventée ; nous aurions pu leur adjoindre Domat, et dire que ce dernier, si judicieux que ses décisions passaient pour des oracles, que Pothier, si savant, que nul ne pouvait lui en remontrer, n'avaient pas plus l'un que l'autre supposé que des marchés à terme sur les fonds publics ou des denrées, telles que les farines, les alcools, les huiles, les savons, pouvaient être de simples paris. Il a fallu, pour que cette confusion eût lieu, que l'on faussât le langage et les principes. Lorsque le système de Law eut bouleversé toutes les têtes, il y eut sans doute de grandes perturbations; telles sont les saturnales de la liberté à son essor; mais, quand le fleuve a pris son cours, toutes choses se régularisent. La liberté, bonne en soi, produit d'excellents fruits, même malgré ses excès. En comparant les progrès de la Hollande, de l'Angleterre, de la France et des États-Unis d'Amérique avec ceux des pays despotiquement gouvernés depuis des siècles, on apprécie les progrès des nations libres, qui seules marquent dans l'histoire. Ce fut donc par un abus de mots que le ministre Calonne et ses pareils ont infligé les noms de *jeu* et de *pari* à des opérations auxquelles ces noms n'ont jamais appartenu.

V.

Il suit de ce qui précède que le commerce est libre,

Qu'il y a une seule restriction à cette liberté, celle qui est imposée par les art. 420 et 422 du Code pénal.

Hors de là, tout est arbitraire.

Quand un agent de change poursuit un individu qui refuse de payer parce qu'il prétend avoir joué, il y a une réflexion qui saisit aussitôt l'esprit le moins clairvoyant : les agents de change ne traitent qu'entre eux, et ils sont responsables les uns envers les autres, parce qu'ils doivent taire les noms de leurs commettants. Ainsi, quand un individu veut parier sur les fonds publics par l'entremise d'un agent de change, s'il gagne, il reçoit le bénéfice; si son opération se solde par une perte, il ne paye pas. Un homme qui, agent de change, accepterait de pareilles conditions serait un fou. En effet, il n'aurait jamais la chance de gagner, il ne pourrait que perdre. Quand les arrêts ont repoussé les demandes des agents de change, ils ont dit :

Le donneur d'ordre a parié,

L'agent de change a été son complice,

Donc l'agent de change n'a pas d'action.

Nous avons démontré que l'agent de change ne pouvait jamais être complice, que son intérêt en répondait.

Restons donc dans la légalité, ne créons pas des subtilités pour le plaisir de les combattre; disons hardiment que l'art. 1965 est bon à la place où il se trouve, mauvais quand on en sort, et puisque le législateur a, dans son art. 422, donné la définition du pari sur les valeurs de Bourse, n'en cherchons pas une autre.

Enfin nos observations, qui ont été faites, en apparence, exclusivement pour les valeurs fiduciaires, doivent trouver leur application à tous les marchés à terme sur toutes marchandises. Les magistrats faussent la loi quand ils disent que ces marchés sont de simples paris. En recherchant ainsi la pensée la plus secrète des contractants, ils inventent des intentions au lieu d'interpréter les contrats.

D'ailleurs le grand argument pour taxer ces marchés de paris est que les parties ont voulu spéculer, comme si l'on avait jamais acheté pour revendre dans un autre but que celui de faire un bénéfice.

Nous n'avons donc pas cru qu'il était utile de demander une loi sur la matière. Dire, comme la pétition, qu'aucune loi n'a défini le pari sur les effets publics est méconnaître un texte formel. Enfin avancer que les magistrats ont pu, sans se tromper, invoquer l'art. 1965 pour décider qu'un marché ne sera pas suivi d'effet, c'est oublier les origines de la loi, comme les attestent les ouvrages les plus autorisés.

En conséquence, la seule chose bonne et indispensable est de s'entendre pour porter devant les tribunaux les véritables principes du droit, qui sont d'accord avec les plus justes préceptes de l'économie sociale.

Un marché n'est pas et ne peut être un jeu ou un pari.

P.-A.-F. MALAPERT,

Avocat, docteur en droit

www.ingramcontent.com/pod-product-compliance
Ingram Content Group UK Ltd.
Pitfield, Milton Keynes, MK11 3LW, UK
UKHW021200230726
13926UKWH00001B/217

9 782014 456141